MINISTÈRE DE LA GUERRE

RÈGLEMENT PROVISOIRE SUR LES EXERCICES ET LES MANOEUVRES DE LA CAVALERIE

TOME TROISIÈME

ANNEXES

PARIS
IMPRIMERIE NATIONALE

1914

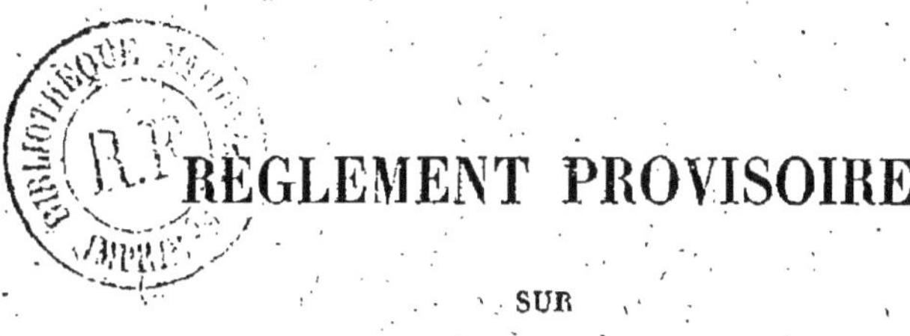

RÈGLEMENT PROVISOIRE

SUR

LES EXERCICES ET LES MANŒUVRES DE LA CAVALERIE

TOME III.

MINISTÈRE DE LA GUERRE

RÈGLEMENT PROVISOIRE

SUR

LES EXERCICES ET LES MANŒUVRES

DE LA CAVALERIE

TOME TROISIÈME

ANNEXES

PARIS

IMPRIMERIE NATIONALE

1914

RÈGLEMENT PROVISOIRE

SUR

LES EXERCICES ET LES MANŒUVRES DE LA CAVALERIE.

ANNEXE I.

INSPECTIONS, REVUES, DÉFILÉS, HONNEURS.

DISPOSITIONS GÉNÉRALES.

L'autorité qui passe la revue ou l'inspection en fixe l'heure et le lieu; elle fait connaître la tenue et les formations qui seront prises. La troupe lui est présentée par son chef.

Si la revue est passée par le chef même de la troupe, cette dernière lui est présentée par l'officier le plus élevé en grade ou le plus ancien dans le grade le plus élevé.

Toutes les fois qu'un chef passe l'inspection d'une troupe, le commandant de la troupe vient se placer près de lui.

En arrivant sur le terrain, la troupe est disposée dans la formation prescrite et sur l'alignement déterminé à l'avance par le commandement. Si elle arrive avant les unités sur lesquelles elle doit se régler pour l'alignement, elle est arrêtée et mise au repos assez loin de l'emplacement à occuper pour ne pas gêner les troupes voisines.

Dès que la personne à laquelle sont rendus les honneurs arrive sur le terrain, le commandant des troupes, qui au préalable a fait mettre le sabre à la main ou porter la lance, fait sonner «*Garde a vous*» par les trompettes.

Le commandant des troupes se porte ensuite vivement et seul à la rencontre de la personne à laquelle on rend les honneurs, la salue du sabre lorsqu'il arrive à dix mètres d'elle, se range à sa gauche et se maintient à portée de recevoir ses ordres. Il lui cède le côté des troupes pendant la revue.

Le commandant des troupes n'est suivi que par son chef d'état-major ou, à défaut, par un officier désigné à cet effet. Celui-ci marche à hauteur du chef d'état-major de la personne qui passe la revue, du côté opposé à la troupe.

Les officiers, les étendards et les trompettes se conforment, pour les honneurs à rendre, aux règles ci-après (décret portant règlement sur le service des places du 7 octobre 1909).

Pour le Président de la République :

Tous les officiers saluent; les étendards saluent; les trompettes sonnent la marche.

Pour le Ministre de la Guerre ou de la Marine, les généraux membres du Conseil supérieur de la guerre, les généraux commandant un corps d'armée, les gouverneurs militaires de Paris et de Lyon :

Les officiers généraux, les commandants des corps de troupe, quel que soit leur grade, et les officiers supérieurs saluent; les trompettes sonnent la marche. Pour le Ministre de la Guerre ou de la Marine, tous les officiers saluent.

Pour les généraux de division :

Les officiers généraux, les commandants des corps de troupe, quel que soit leur grade, et les officiers supérieurs saluent; les trompettes sonnent des appels.

Pour les généraux de brigade :

Les commandants des corps de troupe, quel que soit leur grade, saluent.

Pour les commandants d'armes qui ne sont pas officiers généraux :

Le commandant des troupes seul salue.

Les officiers, gradés et cavaliers, tout en conservant la tête directe, fixent franchement des yeux la personne qui passe la revue ou l'inspection lorsqu'elle arrive à leur hauteur.

Dispositions relatives à l'étendard et aux honneurs.

Sauf ordre contraire l'étendard paraît aux revues passées par les officiers généraux et les colonels. Il ne paraît pas aux revues passées par les fonctionnaires du contrôle et de l'intendance.

Escorte d'honneur de l'étendard.

Lorsque l'étendard doit sortir il est, s'il y a lieu, escorté, du logement du colonel au quartier et vice-versa, par un demi-escadron sous le commandement d'un capitaine.

Les escadrons fournissent à tour de rôle cette escorte.

En toutes circonstances la garde de l'étendard est composée de deux sous-officiers placés de chaque côté du porte-étendard.

Le premier peloton de l'escorte fournit la pointe d'avant-garde, composée de deux cavaliers que dirige un maréchal des logis.

Les trompettes, formés par quatre et conduits par un adjudant, marchent à dix mètres des cavaliers qui précèdent.

Le reste du premier peloton, son chef en tête, marche par quatre à dix mètres des trompettes.

Le porte-étendard marche avec la garde de l'étendard à six mètres du dernier rang de quatre.

Le deuxième peloton, son chef en tête, suit à six mètres de distance en colonne par quatre, la garde de l'étendard.

Le capitaine marche à quatre mètres du flanc, à hauteur du porte-étendard.

Tous les cavaliers de l'escorte sont au port du sabre ou de la lance.

Ce détachement, arrivé sans bruit de trompettes au lieu où est l'étendard, y est formé en bataille.

L'adjudant met pied à terre, va prendre l'étendard et le remet au porte-étendard.

Réception de l'étendard.

Dès que l'étendard paraît, le capitaine, placé devant le centre de l'escorte, face à l'étendard, fait présenter le sabre, commande À L'ÉTENDARD et salue du sabre; les trompettes sonnent trois reprises.

Le capitaine conserve le sabre abaissé jusqu'à ce que les trompettes aient fini de sonner.

Il fait porter le sabre; l'étendard et sa garde prennent leur place.

Le capitaine fait rompre l'escorte et la remet en marche dans l'ordre où elle est venue; les trompettes sonnent la marche.

Lorque l'étendard arrive devant le régiment, le colonel fait mettre le sabre à la main; les trompettes cessent de sonner et vont prendre, ainsi que l'escorte, leur place de bataille, en passant derrière le régiment.

Le porte-étendard, accompagné des deux maréchaux des logis, se dirige vers le centre du régiment et s'arrête devant le colonel, faisant face au régiment; le colonel fait alors présenter le sabre, commande À L'ÉTENDARD et salue du sabre.

Il conserve le sabre abaissé jusqu'à ce que les trompettes aient fini de sonner.

Il fait ensuite porter le sabre.

Le porte-étendard se rend à sa place de bataille.

L'étendard reçoit à son départ les mêmes honneurs qu'à son arrivée et il est reconduit au logement du colonel dans l'ordre prescrit ci-dessus.

A pied, l'escorte est composée de la même manière et l'étendard reçoit les mêmes honneurs.

Lorsque les cavaliers sont armés de la carabine, ils présentent l'arme.

Dans les régiments armés de la lance, les honneurs à l'étendard sont rendus au port de la lance.

Salut de l'étendard.

A six pas de la personne que l'on doit saluer, baisser doucement la hampe en avant en la rapprochant de l'horizontale.

Relever doucement la hampe lorsque la personne qu'on a saluée est dépassée de quatre pas.

Salut du sabre.

Étant au port du sabre, à six pas de la personne que l'on doit saluer, élever le sabre verticalement, le tranchant à gauche, la poignée vis-à-vis et à trente centimètres de l'épaule droite.

Étendre le bras verticalement de toute sa longueur.

Baisser la lame, le poignet en quarte.

Relever vivement le sabre, après avoir dépassé la personne que l'on a saluée.

Porter le sabre.

REVUES.

Pour les revues, les troupes sont placées soit en ordre déployé, soit en ordre ployé, mais toujours dans une formation réglementaire.

L'escadron.

L'escadron peut être disposé en bataille ou en colonne.

Alignement. — Pour aligner l'escadron en bataille, le capitaine-commandant se porte en dehors de l'aile, du côté de l'alignement, sur le prolongement de la ligne qu'il a choisie; il établit sur cette ligne le chef du peloton le plus voisin et commande : *A droite* (ou *à gauche*), ALIGNEMENT. A ce commandement, les chefs des trois derniers pelotons s'alignent sur celui du côté indiqué; le brigadier du centre et les gradés des ailes s'établissent, dans chaque peloton, à 1 m. 50 derrière leur chef respectif, et chaque peloton s'aligne comme il est prescrit à l'école du peloton.

Dès que les chefs de peloton sont alignés, le capitaine commande : FIXE.

L'alignement de chaque peloton est indépendant de celui des autres. L'alignement général de l'escadron résulte de l'alignement des chefs de peloton.

Ouvrir et serrer les rangs. — On fait ouvrir et serrer les rangs comme à l'école du peloton.

Reculer. — Pour porter l'escadron en arrière de quelques pas seulement, on commande : *Escadron en arrière*, MARCHE...., *Escadron*, HALTE.

L'escadron à pied s'aligne, ouvre et serre les rangs, recule d'après les mêmes principes, en tenant compte des différences indiquées pour le peloton.

Le régiment.

Le régiment peut être disposé en bataille, en colonne d'escadrons, ou en masse.

Le placement des divers éléments du régiment est indiqué dans les figures 1, 2 et 3.

DÉFILÉS.

Les troupes défilent soit en colonne d'escadrons, soit en colonne de pelotons, soit en masse. L'ordre de marche du régiment est indiqué sur les figures 4 et 5.

Ordre en colonne pour défiler. — Si la personne à qui l'on rend les honneurs est placée sur le flanc droit de la colonne, le colonel commande : *Garde à vous, vers la droite, pour défiler.*

Le colonel se place à la tête de la colonne, à trente mètres en avant du premier rang de la fraction de tête.

Le lieutenant-colonel marche à la gauche du colonel, la tête de son cheval à hauteur de la hanche du cheval du colonel.

Le major, le capitaine instructeur et l'adjoint au trésorier sont placés sur un rang, à six mètres derrière le colonel.

Le porte-étendard et la garde de l'étendard à trois mètres derrière les officiers de l'état-major.

Les adjudants, l'un derrière l'autre, sont à un mètre à gauche des serre-files de la fraction de tête.

Tous les trompettes marchent à vingt-cinq mètres en avant du colonel, précédés par un adjudant.

Un chef-d'escadrons marche à la tête du premier escadron, à trois mètres en avant du capitaine-commandant, et à trois mètres en arrière du porte-étendard.

L'autre chef-d'escadrons se place, de même, à la tête des escadrons qu'il commande. Si l'on défile en colonne d'escadrons, il se place à la droite du capitaine commandant le troisième escadron.

Si l'on défile par pelotons, les capitaines-commandants marchent à la tête de leur premier peloton, ayant à leur gauche le chef de ce peloton.

Les capitaines en second sont placés à la tête du troisième peloton de leur escadron, ayant à leur gauche le chef de peloton.

Les serre-files marchent à l'aile gauche de leur peloton.

Le médecin-major et le médecin aide-major, ayant à leur gauche les vétérinaires en premier, en deuxième et l'aide vétérinaire, marchent sur un seul rang, à la gauche du régiment, à trois mètres du dernier peloton.

Les sous-officiers, brigadiers et cavaliers conservent la tête directe en défilant.

Les officiers et les chefs de peloton fixent les yeux sur la personne à qui l'on rend les honneurs, en passant devant elle.

Les trompettes sonnent la marche correspondant à l'allure à laquelle on défile.

L'étendard et les officiers rendent les honneurs conformément aux règlements.

Les officiers qui, dans l'ordre ci-dessus détaillé, marchent à la gauche du colonel, du major, et des capitaines-commandants, se rangent à leur droite, si la personne à qui l'on rend les honneurs se trouve à gauche de la colonne. Il en est de même pour les médecins et les vétérinaires. Les serre-files se placent alors à l'aile droite de leur peloton.

Si l'on défile par demi-escadron, les capitaines-commandants marchent en avant du centre du premier demi-escadron, sur l'alignement des chefs de peloton. Les capitaines en second marchent en avant du centre du deuxième demi-escadron, sur l'alignement des chefs de peloton. Les serre-files marchent à l'aile de leur demi-escadron, du côté opposé à la personne à qui l'on rend les honneurs.

Si l'on défile par escadrons, à distance entière, à demi-distance ou en colonne serrée, les officiers de l'état-major et le porte-étendard conservent les places qui viennent d'être indiquées. Les capitaines-commandants marchent sur l'alignement des chefs de peloton ayant les capitaines en second à leur gauche; les autres officiers conservent leur place de bataille. Les sous-officiers serre-files se placent à l'aile de l'escadron, du côté opposé à la personne devant laquelle on défile; ceux du demi-escadron qui est de ce côté, à hauteur du premier rang; ceux de l'autre demi-escadron, à hauteur du deuxième rang.

Si l'on défile en masse, le porte-étendard se place à six mètres derrière les officiers de l'état-major et à six mètres en avant des officiers des escadrons.

Si, par exception, le peloton hors rang doit figurer dans une revue à pied, il prend la gauche du régiment, il ne défile pas; il en est de même des maîtres-ouvriers et des cantinières.

Défilé d'une brigade ou d'une division.

Pour défiler, on fait rompre en colonne, et au commandement : *Garde à vous, vers la droite (gauche) pour défiler,* les trompettes se portent à la tête de leurs régiments respectifs.

Les régiments se mettent en mouvement, de manière à prendre leur distance : quarante-cinq mètres entre les régiments, soixante mètres entre les brigades; ces distances sont mesurées de la dernière subdivision du régiment, ou de la brigade, aux trompettes du régiment suivant.

Lorsqu'ils arrivent à cinquante mètres de la personne à qui l'on rend les honneurs, les trompettes commencent à sonner la marche correspondant à l'allure à laquelle on défile; ils cessent de sonner quand ils ont dépassé de cent mètres la personne à qui l'on rend les honneurs.

Le général de division défile à la tête de sa division, ayant à huit mètres derrière lui son chef d'état-major, et à un mètre et demi derrière celui-ci les officiers de l'état-major sur un seul rang.

Chacun des généraux de brigade, ayant à quatre mètres derrière lui son officier d'état-major, défile à la tête de sa brigade, à vingt mètres en avant du colonel du premier régiment.

Le général qui commande la première brigade se tient à trente mètres en arrière du général de division.

Les trompettes du premier régiment de la division marchent à vingt-cinq mètres en avant du général de division; ceux du premier régiment des autres brigades marchent à vingt-cinq mètres en avant du général de brigade.

Le général (ou l'officier supérieur qui commande la troupe), après avoir fait le salut, suivi des officiers de son état-major (ou du capitaine instructeur), va se placer en face de la personne à qui l'on rend les honneurs, et à vingt mètres environ du flanc de la colonne.

Dès que le défilé est terminé, il se porte au galop devant cette personne, la salue du sabre et prend ses ordres.

Prescription pour le défilé d'une troupe composée des trois armes.

Chaque arme défile conformément aux prescriptions contenues dans son règlement particulier; mais la largeur du front des différentes subdivisions (compagnie, bataillon, escadron ou batterie, suivant le cas) et la distance qui les sépare doivent, autant que possible, être les mêmes pour toutes les armes. La distance est de quarante-cinq mètres (soixante pas) entre les régiments; soixante mètres (quatre-vingts pas) entre les brigades; soixante-quinze mètres (cent pas) entre les divisions.

Si le défilé a lieu au pas pour toutes les armes, la distance d'une arme à l'autre est de cent mètres; si les troupes à cheval défilent au trot, la distance entre elles et l'infanterie est de cinq cents mètres; elle est de huit cents mètres si les troupes à cheval défilent au galop.

Enfin, si, l'artillerie défilant au trot, la cavalerie défile au galop, la distance entre ces deux armes est aussi de huit cents mètres.

Ces distances sont comptées de la dernière subdivision du régiment, de la brigade ou de la division, au caporal sapeur du régiment suivant dans l'infanterie, à l'adjudant marchant en tête des trompettes dans les troupes à cheval.

Les troupes à cheval prennent le trot ou le galop, suivant les ordres reçus, au moment où la dernière subdivision d'infanterie passe devant la personne à qui l'on rend les honneurs.

Si cela est nécessaire pour que le mouvement des troupes à cheval n'éprouve aucun retard, le dernier régiment d'infanterie débarrasse le terrain en déboitant à droite ou à gauche par un mouvement de flanc, lorsque la dernière subdivision a dépassé de cent cinquante mètres (deux cents pas) la personne devant laquelle on défile.

Chaque régiment d'infanterie défile avec sa musique. L'artillerie défile avec la musique d'une des brigades d'artillerie, ou à son défaut, avec la musique du dernier régiment d'infanterie.

Dans la cavalerie, chaque régiment défile avec ses trompettes.

Régiment en bataille avec tous ses éléments.

Fig. 1.

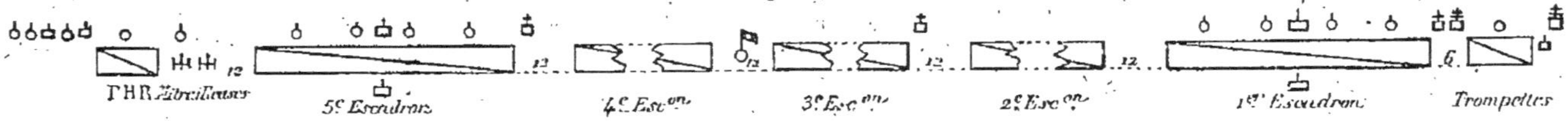

P H R Mitrailleuses 12 — 5e Escadron 12 — 4e Escon — 3e Escon 12 — 2e Escon 12 — 1er Escadron 6 — Trompettes

LÉGENDE.

L'étendard.

Le colonel à 3 mètres à la droite des trompettes; le capitaine instructeur derrière lui.

Le lieutenant-colonel à la droite du 1er escadron.

Les chefs d'escadrons à la droite de leur demi-régiment; le major à la droite du 5e escadron s'il y en a un, sinon à la gauche du régiment.

Les capitaines en second derrière le centre de leur escadron.

Un adjudant à la tête des trompettes, le trompette-major à la droite du 1er rang; le brigadier trompette derrière lui. L'adjudant-vaguemestre à la tête du P H R.

A la gauche du P H R dans l'ordre suivant : l'adjoint au trésorier, le médecin-major, le médecin aide-major, le vétérinaire en 1er, en 2e, l'aide vétérinaire.

Les hommes à pied de chaque escadron à 25 mètres derrière l'escadro

Les mitrailleuses à 12 mètres à gauche du dernier escadron.

Observations. — Si le 5e escadron n'assiste pas à la revue, les officiers de cet escadron sont répartis dans les escadrons ou bien prennent place à la droite des officiers de l'état-major.

Le capitaine-trésorier, le capitaine d'habillement, le P H R et les maîtres-ouvriers n'assistent pas aux revues à cheval. S'il leur est ordonné d'assister à une revue à pied, le capitaine trésorier et le capitaine d'habillement se placent à la droite des officiers de l'état-major, le P H R et les maîtres-ouvriers à la gauche du régiment. Ils ne défilent en aucun cas.

Fig. 2.

Régiment en colonne d'escadrons.

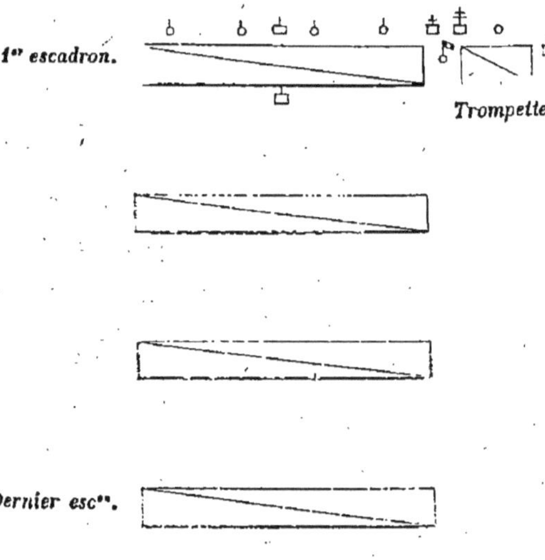

Les trompettes à 6 mètres à la droite du 1er escadron.

Le colonel à 3 mètres à la droite des trompettes; le capitaine instructeur derrière lui.

Le lieutenant-colonel et l'étendard à la droite du 1er escadron.

Les chefs d'escadrons à la droite du 1er escadron de leur demi-régiment.

Les officiers des escadrons comme dans l'ordre en bataille.

Les escadrons à distance entière (54 m.), ou à demi-distance (30 m.), ou en colonne serrée (18 m.).

Les mitrailleuses accolées, à 6 mètres derrière la droite du dernier escadron; l'officier qui les commande à leur droite.

1 Médecin-major.
2 Médecin aide-major.
3 Vétérinaire en 1er.
4 Vétérinaire en 2e.
5 Aide-vétérinaire.

Fig. 3.

Régiment en masse.

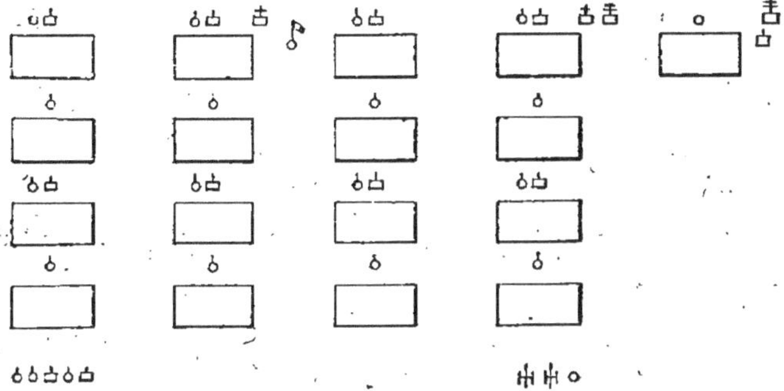

Les trompettes à 12 mètres à droite du 1er escadron, à hauteur du 1er peloton.

Le colonel à 6 mètres à droite des trompettes; le capitaine instructeur derrière lui.

Le lieutenant-colonel à la droite du 1er escadron, à hauteur du capitaine.

Chaque chef d'escadrons à la droite de son demi-régiment, sur la ligne des capitaines-commandants.

Les capitaines-commandants à droite du chef du 1er peloton de leur escadron; les capitaines en second à la droite du chef du 3e peloton.

Les mitrailleuses à 6 mètres derrière le 1er escadron, accolées; l'officier qui les commande à leur droite.

Les médecins et les vétérinaires à 6 mètres derrière le 4e escadron.

Fig. 4.

Défilé vers la droite du régiment en colonne d'escadrons.

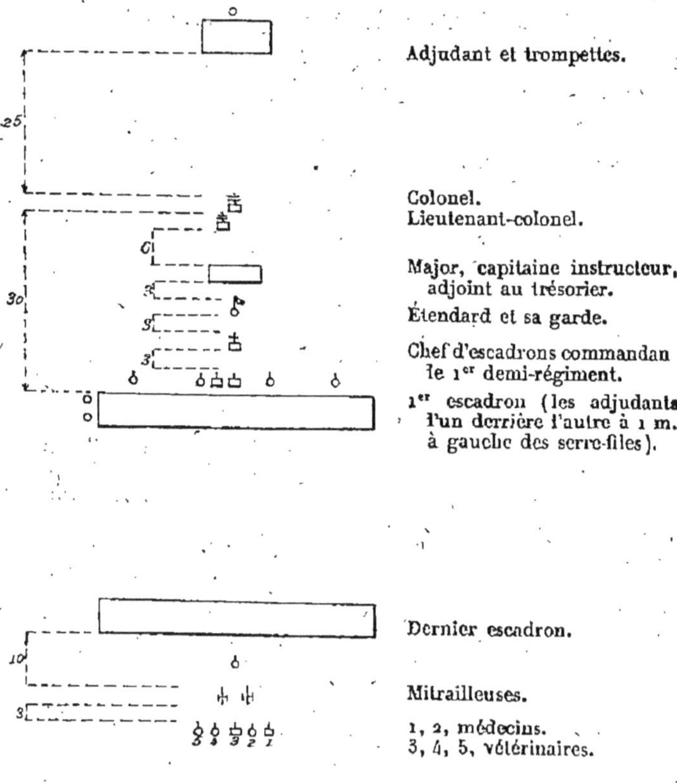

Observations. — Le chef d'escadrons commandant le 2e demi-régiment à la droite du capitaine commandant le 3e escadron.

Les serre-files du côté opposé à la personne devant laquelle on défile, répartis entre les deux rangs.

Les places indiquées pour les officiers, médecins, vétérinaires sont inversées si le défilé se fait vers la gauche.

Fig. 5.

Défilé vers la droite du régiment en masse.

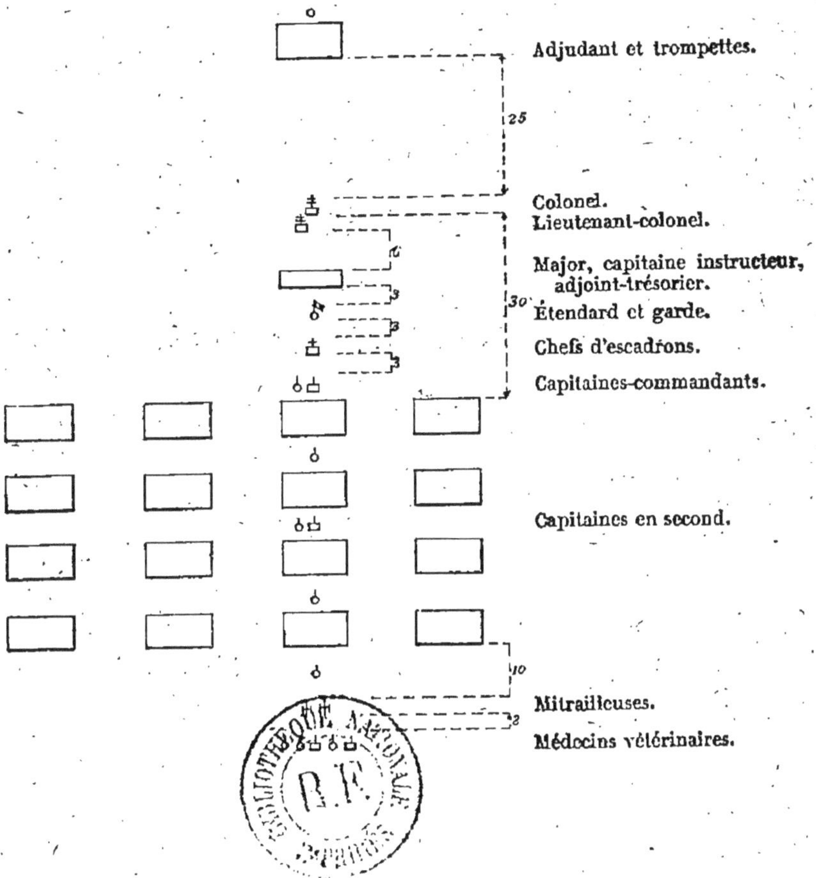

Adjudant et trompettes.

25

Colonel.
Lieutenant-colonel.

6

Major, capitaine instructeur, adjoint-trésorier.

3

30

Étendard et garde.

3

Chefs d'escadrons.

3

Capitaines-commandants.

Capitaines en second.

10

Mitrailleuses.

2

Médecins vétérinaires.

ANNEXE II.

CAHIER DES SONNERIES DE TROMPETTES.

---

1. Le réveil

2. L'appel.

3. A cheval.

4. Quatre appels consécutifs.

(Pour le rassemblement du régiment à pied.)

5. Aux officiers.

6. Aux maréchaux des logis chefs.

7. Aux fourriers.

8. Aux maréchaux des logis de service.

9. Aux brigadiers de service.

10. L'appel des consignés.

11. Aux trompettes.

12. La retraite.

13. L'extinction des feux.

14. La générale.

Vivace.

15. A l'étendard.

Maestoso.

16. L'ouverture du ban.

17. La fermeture du ban.

18. Garde à vous.

19. Pied à terre.

20. Mettre les manteaux.

21. Sabre à la main.

22. Remettez le sabre.

23. La marche.

(Sert pour défiler au pas.)

24. Exécution.

25. Dans chaque escadron.

26. Dans chaque régiment.

27. En avant.

28. Halte.

29. Demi-tour.

30. En retraite.

31. A droite.

32. A gauche.

33. En lignes de colonnes.

34. En bataille.

35. **Le ralliement.**

36. **Le rassemblement.**

37. **La charge.**

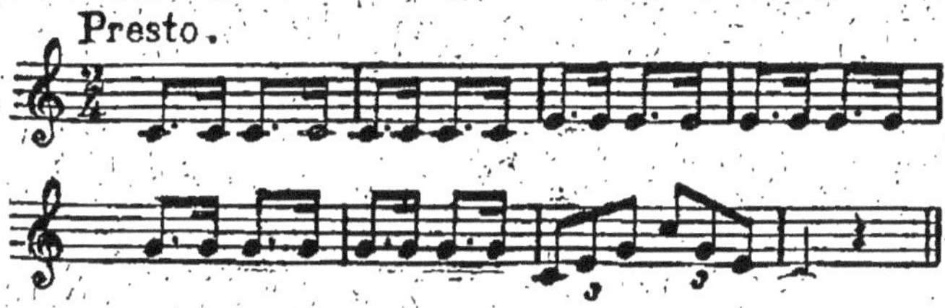

38. **La charge en fourrageurs.**

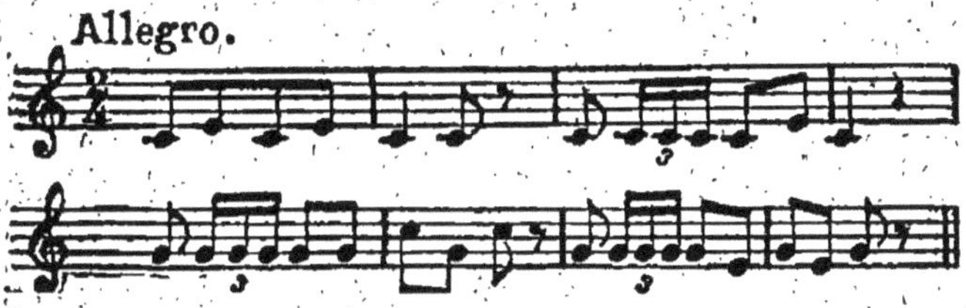

39. **Au pas.**

(*Étant au trot* ou *au galop.*

40. Au trot.

(*A pied*, au pas gymnastique.)

41. Au galop.

42. Le demi-appel.

Chaque sonnerie est précédée du refrain du régiment lorsque les circonstances l'exigent.

L'emploi des sonneries doit être aussi restreint que possible.

L'école des trompettes ne doit jamais commencer par la *générale* ni par la sonnerie : *à cheval*.

MARCHES

COMPOSÉES PAR M. CERCLIER

PROFESSEUR

AU CONSERVATOIRE NATIONAL DE MUSIQUE

Marche n° 1.

Trompettes à l'unisson ou trompette seule.

Même marche arrangée pour quatre trompettes.

Alla Coda.
1ª volta.
2ª volta.
1e
2e
3e
4e

1e
2e
3e
4e
1a volta.
2a volta.
Coda.
D.C.

1e
2e
3e
4e
3
1e
2e
3e
4e
3
1e
2e
3e
4e
3

Marche n° 2.

Même marche arrangée pour quatre trompettes.

Alla Coda
1e
2e
3e
4e
1e
2e
3e
4e
1e
2e
3e
4e

1º
2º
3º
4º

Coda.
1e
2e
3e
4e
D.C.
1e
2e
3e
4e

Marche n° 3 (pour défiler au trot).

Trompettes à l'unisson ou trompette seule.

Même marche arrangée pour quatre trompettes.

1e
2e
3e
4e
D. C. al segno 𝄋 ⊕

Marche n° 4 (pour défiler au trot).

Trompettes à l'unisson ou trompette seule.

Même marche arrangée pour quatre trompettes.

1e
2e
3e
4e
D.C. al segno 𝄋 ⊕ Coda.

Marche n° 5 (pour défiler au galop).

Trompettes à l'unisson ou trompette seule.

Même marche arrangée pour quatre trompettes.

1e
2e
3e
4e
D.C. al segno
Coda.

Marche n° 6 (pour défiler au galop).

Trompettes à l'unisson ou trompette seule.

Même marche arrangée pour quatre trompettes.

volta
2a volta
Fin.
1e
2e
3e
4e
Da Capo al segno

ANNEXE III.

HARNACHEMENT ET ARMEMENT.

DESCRIPTION, USAGE ET ENTRETIEN DU HARNACHEMENT.

Le harnachement se compose d'une selle et d'une bride.
La selle est du modèle 1874 modifié.

Elle comprend :

L'arçon,

Le siège,

Les accessoires.

L'arçon est la partie solide sur laquelle est établie la selle. Il se compose de deux bandes ou lames en bois, qui s'appuient sur les côtes et sont réunies par deux arcades en tôle d'acier. L'arcade de devant, dont la partie supérieure forme le pommeau, protège le garrot et sert d'appui aux sacoches. L'arcade de derrière ou troussequin protège les reins du cheval, donne à l'arrière du siège la largeur et la forme nécessaires pour emboîter le cavalier et sert d'appui à la charge de derrière.

L'arçon pourvu du siège et des quartiers forme le corps de selle, qui se complète par les faux-quartiers et les panneaux.

Le siège est fixé sur l'arçon et porte le cavalier.

Les quartiers, fixés sur les bandes, cachent les contre-sanglons.

Les faux-quartiers préservent les côtes du cheval du contact des boucles de sangle.

Les contre-sanglons sont fixés à l'arçon et reçoivent la sangle.

Les panneaux, rembourrés de crin, préservent le dos du cheval du contact avec l'arçon.

Les accessoires de la selle sont :

Une sangle,
Une poche à fers,
Deux sacoches,
Deux étrivières et étriers,
Une couverture,
Des courroies de paquetage.

La sangle se compose de 6 branches en tresse, réunies par 4 traverses en cuir. Elle porte à chacune de ses extrémités deux boucles qui l'attachent aux contre-sanglons.

La poche à fers, de la contenance de 2 fers, renferme une trousse destinée à recevoir les clous à ferrer, les crampons à glace et une clef à taraud.

Les sacoches, réunies par un chapelet, reçoivent les effets indispensables à l'homme et au cheval.

Les étrivières sont des courroies de cuir qui suspendent les étriers à l'arçon.

Les étriers comprennent l'œil, les branches et la semelle; celle-ci offre un évidement destiné à permettre de visser les crampons.

La couverture a pour but de protéger le dos du cheval et d'éviter la détérioration des panneaux.

Les courroies de paquetage comprennent les courroies de sacoches et les courroies de charge de derrière; elles servent à arrimer sur la selle les sacoches, le sac et le manteau.

Description de la bride.

La bride comprend :

La monture,
Les mors,
Les rênes.

Les pièces qui composent la monture sont :

Le dessus de tête qui sert à supporter les montants,

Le frontal destiné à empêcher le dessus de tête de glisser en arrière.

Les montants, placés le long des joues, supportent les mors de bride et de filet.

Les mors de bride présentent des types de puissance variable qui sont adaptés au degré de sensibilité des bouches auxquelles ils sont destinés. De plus, les corps de troupe sont autorisés à se procurer des embouchures dites «pathologiques» pour les chevaux d'une conduite particulièrement délicate.

Le mors de bride se divise en embouchure, branches et gourmette.

L'embouchure comprend les canons séparés ou non par une liberté de langue ou une brisure.

Les branches se réunissent aux canons par des contre-rivures. Elles présentent, à leur extrémité supérieure, un œil qui reçoit le porte-mors et, à leur extrémité inférieure, un anneau qui reçoit le porte-rênes.

La gourmette se fixe aux branches et règle l'action du mors sur la bouche du cheval.

La fausse gourmette (facultative) est une lanière de cuir qui se fixe aux branches et sert à maintenir le mors dans une position régulière.

Le mors de filet se compose de deux canons s'articulant à deux brisures et de deux anneaux munis d'une chaînette et d'un T.

Le rênes de bride et les rênes de filet se bouclent aux anneaux des mors correspondants.

Le licol de parade se compose de deux montants qui supportent la muserolle, de la sous-gorge formant collier, et de la longe.

Lorsque le cheval est sellé, ce dernier accessoire sert de poitrail pour empêcher la selle de glisser en arrière.

La sous-gorge peut se dégager du licol et s'engager dans les gaînes mobiles du frontal, si l'on veut se servir de la bride sans le licol.

Ce dernier peut être transformé en bridon en engageant les T du mors de filet dans les anneaux carrés du licol.

Ajuster une selle.

1° Passer d'abord l'arçon au gabarit pour s'assurer de la symétrie parfaite des deux bandes et de leur régularité;

2° Placer l'arçon sur le dos du cheval et vérifier :

a) Si les bandes reposent bien à plat sur la partie la plus forte de la ligne du dos, avec un léger relèvement des extrémités. Il y a lieu, dans cette opération, de tenir compte de l'épaisseur de la matelassure et de la couverture qui, dans la réalité, s'interposent entre le dos et les bandes.

b) Si le siège a une position sensiblement horizontale.

Si ces deux conditions ne sont pas parfaitement remplies, remédier aux différents défauts constatés par l'apposition, sous les bandes, de lames de feutre ou de cuir; ce qui permet, soit de remplir les vides, soit de redresser certaines parties ou de les incurver davantage.

Le léger relèvement des bandes est indispensable pour qu'aux extrémités l'appui aille en diminuant progressivement d'intensité. Ce relèvement, toutefois, ne doit pas être trop prononcé, car en diminuant la surface d'appui, il provoquerait le roulement de la selle.

Le siège doit être horizontal, pour que le cavalier soit d'aplomb et que le poids soit uniformément réparti sur toute la surface de contact avec le dos.

L'arçon une fois ajusté, le crin doit être également réparti dans les panneaux; il faut avoir soin d'en mettre une moins grande quantité aux extrémités, afin de faciliter le léger relèvement prescrit plus haut.

On évite de partir pour un déplacement de quelque durée avec des selles fraichement rembourrées.

Le nombre des points servant à fixer le crin dans son enveloppe varie suivant la subdivision d'arme : 12 pour la cavalerie légère et 15 pour les dragons et les cuirassiers. Ces points ne doivent pas être trop serrés, afin de conserver à la matelassure une certaine élasticité.

Entretien de l'arçon et de la matelassure.

Pour entretenir l'arçon et la matelassure :

1° Passer au moins une fois par an, au retour des manœuvres, tous les arçons au gabarit, afin de s'assurer qu'ils ont conservé leur forme primitive;

2° Refaire complètement les opérations de l'ajustage toutes les fois qu'une selle change d'affectation;

3° Faire toujours rembourrer les deux panneaux ensemble et par le même ouvrier;

4° S'assurer fréquemment que le rembourrage des panneaux n'est pas remonté vers l'évidement et ne présente ni pelotes, ni lacunes;

5° Voir si les arcades ne présentent pas de félures ou n'ont pas cédé;

6° Enfin, toutes les fois que le cheval a été blessé, en rechercher soigneusement la cause et y porter remède.

On évite les déformations de la matelassure en prenant les précautions suivantes :

a) Ne pas utiliser une selle pour monter un cheval autre que celui pour lequel elle a été ajustée.

En effet, même à conformation identique, la matelassure ne prend pas la même forme sur deux chevaux différents, à cause de la non similitude de leurs allures;

b) Ne pas empiler les selles les unes sur les autres soit dans les selleries ou magasins, soit au bivouac, mais les placer debout sur le pommeau.

La couverture est le complément indispensable d'une selle bien ajustée; elle doit être bien nourrie et souple. En dehors de l'entretien journalier, elle doit subir un foulonnage annuel.

Ajuster une bride.

Pour que la bride soit bien ajustée, le mors doit être placé dans la bouche du cheval de façon à produire régulièrement son effet :

Pour cela il faut :

1° Que les canons portent sur les barres à un travers de doigt des crochets inférieurs pour le cheval et à deux travers de doigt des coins pour la jument.

Les montants doivent être ajustés en conséquence.

2° Que l'embouchure ne soit ni trop étroite pour que le haut des branches ne comprime pas les joues, ni trop large pour que le mors ne ballotte pas dans la bouche.

3° Que la gourmette soit sur son plat et qu'on puisse au moins passer un doigt entre elle et la barbe : sa longueur varie suivant la conformation et la sensibilité du cheval.

Le mors de bride agit sur les barres à la façon d'un levier dont la puissance dépend de la longueur des branches, de la forme de l'embouchure et de l'ajustage de la gourmette.

Si les canons portent plus haut qu'il n'est indiqué, ils agissent sur des parties moins sensibles et leur effet est amoindri.

Si les canons portent plus bas, ils butent contre les crochets et gênent le cheval.

Si l'embouchure est trop étroite, les branches plissent les lèvres et peuvent les blesser.

Si l'embouchure est trop large, le contact des canons avec les barres est mal assuré.

Si la gourmette n'est pas serrée, le mors bascule, les branches se placent dans le prolongement des rênes, le bras de levier disparaît et la puissance du mors est diminuée.

Si la gourmette est trop serrée, le contact permanent du mors émousse la sensibilité des barres, la barbe est endolorie et le cheval répond mal aux indications qu'il reçoit.

La fausse-gourmette empêche le cheval de saisir une des branches du mors avec ses dents.

Le mors de filet agit sur la commissure des lèvres et se place au-dessus de l'embouchure du mors de bride, de façon à ne pas en gêner les effets.

Le licol doit être ajusté de manière que les boucles soient placées à la même hauteur, que les anneaux carrés correspondent aux D des montants de bride et que la muserolle ne tombe pas sur le nez du cheval.

Seller.

S'approcher du cheval par le côté gauche, et placer sur son dos la couverture pliée en quatre, le gros pli sur le garrot et les lisières du côté du sabre, en ayant soin de passer plusieurs fois la couverture d'avant en arrière pour lisser le poil.

La sangle étant bouclée dans les contre-sanglons du côté hors montoir et relevée sur le siège, prendre la selle de la main gauche, à l'arcade de devant, et de la main droite sous le troussequin, la placer doucement sur le dos du cheval, les mamelles de l'arçon en arrière du jeu des épaules. S'assurer alors si la couverture ne forme aucun pli, particulièrement sur le garrot, et la soulever avec la main dans cette partie ; regarder s'il n'y a pas de cuirs pris sous la selle; serrer la sangle avec modération et sans brusquerie; fixer la longe-poitrail et abattre les étriers.

Avec les chevaux délicats et spécialement les jeunes chevaux, il est recommandé de sangler en plusieurs fois.

Brider.

Se placer du côté montoir; passer le licol à la tête du cheval; boucler la sous-gorge sans la serrer afin de ne pas gêner la respiration; prendre la bride avec la main gauche; passer avec la main droite les rênes de la bride et du filet par dessus l'encolure du cheval; prendre la bride à la têtière avec la main droite, l'élever à la hauteur et en avant de la tête du cheval, saisir avec la main gauche les mors de bride et de filet et les engager ensemble dans la bouche du cheval, le mors du filet au-dessus de celui de la bride; passer alors les oreilles entre le frontal et le dessus de tête, dégager le toupet, boutonner le licol au dessus de tête. Accrocher la gourmette.

Débrider.

Décrocher la gourmette; déboutonner le licol et attacher le cheval assez court pour qu'il ne puisse pas se rouler avant d'être dessellé; avancer les rênes de la bride et du filet sur le dessus de la tête, les passer par-dessus les oreilles, les laisser tomber dans le pli du bras gauche; ôter la bride de la tête du cheval, en commençant par dégager l'oreille droite; faire deux tours au-dessous du frontal avec les rênes de la bride et les passer entre le frontal et le dessus de tête.

Desseller.

Relever l'étrier gauche le long de la partie interne de l'étrivière, déboucler la longe-poitrail et la sangle; passer du côté hors montoir; relever l'étrier droit comme le gauche; placer sur le siège la sangle et la longe-poitrail;

revenir du côté montoir et enlever la selle avec les deux mains, la gauche la tenant sous l'arcade de devant et la droite sous le troussequin. Retirer la couverture, la plier en deux, le côté qui était en contact avec le cheval en dehors; la placer sur la selle.

Matériel d'écurie.

Le bridon d'abreuvoir se compose d'une monture en cuir de Hongrie et d'un mors de bridon en fer étamé à une seule brisure. Il est utilisé pour l'abreuvoir et, au besoin, pour le travail en bridon.

Bridonner. — Se placer du côté montoir, passer avec la main droite les rênes par dessus l'encolure en les mettant sur leur plat; prendre la têtière avec la main droite et l'élever à hauteur et en avant de la tête du cheval; saisir le mors avec la main gauche et l'engager dans la bouche du cheval; passer alors les oreilles entre le dessus de tête et le frontal; dégager le toupet et boucler la sous-gorge sans la serrer.

Débridonner. — Déboucler la sous-gorge, placer le milieu des rênes sur le dessus de tête; dégager les oreilles et laisser glisser le bridon dans le bras gauche pendant que la main droite saisit le toupet; licotter le cheval.

Le licol d'écurie est en cuir hongroyé. Il sert à attacher le cheval à l'écurie et pendant le pansage à l'extérieur. Lorsqu'il n'est pas à la tête du cheval, il doit être suspendu au ratelier et ne jamais traîner dans la mangeoire, ni dans la litière.

Entretien du harnachement.

Tous les jours, en descendant de cheval, nettoyer les cuirs de la selle et de la bride avec une éponge légèrement imbibée d'eau. Si ces cuirs sont très sales, les laver à plus grande eau en y ajoutant du savon ordinaire ou, mieux, du savon de Castille.

Toutes les fois que les cuirs ont été longtemps exposés à la pluie et, dans tous les cas, une fois par semaine, y déposer, avant qu'ils soient complètement secs, une légère couche de graisse, frotter avec la paume de la main pour étendre et faire pénétrer la graisse, laisser sécher, puis frotter avec un chiffon bien sec. On emploie pour cet usage un mélange, par parties égales, d'huile de pied de bœuf et de suif de mouton. On graissera peu et rarement le siège de la selle; mais on insistera sur l'envers des quartiers et spécialement sur les parties en contact avec le cheval (faux-quartiers, contresanglons, cuirs de la bride).

Les cuirs ainsi entretenus sont propres et souples.

L'usage de tout produit destiné à donner du brillant est interdit, ces ingrédients ayant pour propriété de dessécher le cuir et de le rendre cassant.

La toile des panneaux est soigneusement brossée : il est interdit de la laver.

La couverture est étendue de façon à sécher rapidement, puis battue et brossée avec une brosse en crin. L'usage de la brosse en chiendent, qui détériore la couverture, est interdit. La couverture ne doit jamais envelopper le sabre, les étriers, la bride.

Les boucles de sangle sont tenues propres et graissées. Les étriers et les aciers de la bride sont tenus au clair. Ils ne sont graissés que lorsque le harnachement doit rester longtemps sans servir.

Le bridon d'abreuvoir et le licol d'écurie sont entretenus d'après les mêmes principes. Ils ne doivent jamais être blanchis au moyen de produits susceptibles de détériorer le cuir.

DESCRIPTION DE L'ARMEMENT.

Les armes du cavalier sont :

Le sabre.

La lance.

La carabine.

Le revolver.

La description de la carabine et du revolver, ainsi que les prescriptions relatives à l'entretien des armes sont contenues dans l'Instruction sur le matériel de tir et les champs de tir de la cavalerie.

Sabre.

Le sabre en service dans la cavalerie légère est du modèle 1822 à lame courbe.

Le sabre en service dans les autres subdivisions d'armes est du modèle 1854 modifié à lame droite. Il comprend deux tailles.

On distingue dans le sabre :

La *lame* à pans creux : la pointe, le tranchant, le dos, la soie.

La *monture* qui comprend : la garde et ses branches, la coquille, la poignée et son filigrane, la cravate.

Le *fourreau* : le corps du fourreau, la cuvette, les battes, le bracelet, l'anneau, le dard.

Lance.

La lance est du modèle 1890 (1). Elle se divise en trois parties :

Le fer.

La hampe.

Le sabot.

Le *fer* de lance est constitué par la lame de forme quadrangulaire vissée et goupillée sur la douille; la douille avec son épaulement d'arrêt et son pontet porte-flamme.

La *hampe* est en bambou. Un D en cuivre, monté sur une enchapure en cuir, est fixé un peu au-dessus du centre de gravité de l'arme. Cet accessoire permet de suspendre la lance à la selle pendant le combat à pied.

Le *sabot* qui comprend la douille, le corps de sabot avec son épaulement d'arrêt, le cône et le bout.

La longueur de la lance est de 2 m. 90; son poids moyen est de 1,850 grammes.

---

(1) Les corps ont en outre à leur disposition, pour l'instruction des lances de modèles plus anciens.

TABLE DES MATIÈRES
CONTENUES DANS LE TOME TROISIÈME.

ANNEXE I.
INSPECTIONS, REVUES, DÉFILÉS, HONNEURS.

ANNEXE II.
CAHIER DES SONNERIES DE TROMPETTES.

ANNEXE III.
HARNACHEMENT ET ARMEMENT.

APPROUVÉ :

Paris, le 14 mai 1912.

Le Ministre de la Guerre,

MILLERAND.

www.ingramcontent.com/pod-product-compliance
Lightning Source LLC
Chambersburg PA
CBHW070951280326
41934CB00009B/2058

* 9 7 8 2 0 1 9 9 6 2 2 6 5 *